DOCUMENTS INÉDITS

SUR LES

ARMOIRIES

DE LA

Ville de Bernay

RECUEILLIS PAR E. VEUCLIN

BERNAY

IMPRIMÉ PAR V. E. VEUCLIN

EN L'AN 1881

DOCUMENTS INÉDITS

SUR LES

ARMOIRIES

DE LA

Ville de Bernay

RECUEILLIS PAR E. VEUCLIN

BERNAY
IMPRIMÉ PAR V. E. VEUCLIN
EN L'AN 1881

Les Armoiries de Bernay

Le premier document faisant mention des armoiries de la ville de Bernay est un gros manuscrit in-folio de la Bibliothèque nationale, intitulé : *Etat des armoiries des personnes et communautés envoyées ès bureaux établis par Maitre Adrien Vanier, chargé de l'exécution de l'édit du mois de novembre 1696, pour être présentées à Nosseigneurs du Conseil, députés par sa Majesté, par arrest du 4 décembre audit an, et 23 janvier 1697.*

Dans le volume consacré à la Généralité d'Alençon, page 449, n° 135, on lit : *La ville de Bernay porte d'azur à un lion d'or, armé et lampassé de gueules.*

Le volume donnant le dessin des armoiries renferme une légère variante ; il y a écrit : *Les Maire et Echevins de la ville de Bernay : d'azur au lion rampant d'or, armé et lampassé de gueules.* — Reçu 50 l.

Il nous paraît vraisemblable que les

armoiries précitées ne furent point, en 1696, lors de la création de la maîtrise générale des armoiries, imposées à la ville mais que les officiers municipaux de l'époque envoyèrent et décrivirent celles qui ornaient, depuis longtemps peut-être, leur bannière communale.

L'enregistrement des armoiries bernayennes coûta 7 l. 10 sols, qui furent remboursés, le 20 octobre 1698, à Guillaume Le Danoys, « eschevin de la ville ».

I
SCEAU COMMUNAL

Le premier monument local portant les armoiries de notre cité était le *sceau communal*, exécuté à la fin du 17e siècle, sous l'admininistration de Mre Marc Anthoine Deshais, escuier, sieur de Ticheville, conseiller du roi et viconte de la ville de Bernay, promu à l'office de Maire de « l'hostel de ville » dudit lieu par lettres royales datées dn 20 novembre 1692.

Ce sceau, destiné à la cire, et dont est ci-dessous un fac-simile exact comme dimension et type, portait cette légende mal orthographiée : SEAU DE BERNAY.

Jusqu'en 1792, c'est-à-dire pendant près d'un siècle, ce sceau armorié fut employé à la Mairie, et en 1791 notamment, il est souvent fait mention du cachet aux armes de la ville scellant la correspodance municipale ou sur les scellés apposés dans les monastères supprimés.

Une empreinte à sec se trouve encore sur le recto du feuillet 65 du registre de 1790.

Lors de la proscription des armoiries, en 1792, ce sceau resta entre les mains du secrétaire de la Mairie, M. Formage.

Possédé successivement par MM. Le Prevost, Prétavoine et Assegond, ce dernier en fit don au Musée de la ville, qu'il avait fondé en 1866.

Ce rare et précieux joyau de la couronne historique de notre antique cité fut, en 1872, soustrait, on ne sait comment, de la vitrine fermée à clef (et non fracturée), où il était renfermé. Il subsiste encore heureusement quelques empreintes de ce sceau armorié que la Mairie, suivant le patriotique exemple d'un grand nombre de villes, devrait bien adopter à nouveau, au lieu du sceau banal et sans caractère local qu'elle emploie.

Citons aussi un petit cachet-breloque, de la même époque que le précédent, portant seulement le Lion héraldique. Ce cachet, qui nous a été gracieusement offert par M. Assegond, servait probablement à la correspondance particulière de l'un des anciens maires.

II

PRIVILÈGE DES ARMOIRIES

Autrefois, il n'était pas permis aux par-

ticuliers d'emprunter, comme cela se fait
de nos jours, les armoiries d'une ville,
soit comme enseigne commerciale, soit
pour tout autre motif ; ce droit n'était ac-
cordé par les officiers municipaux que pour
des raisons tout-à-fait exceptionnelles et
d'intérêt public.

A Bernay, ce privilège fut donné, en
1739, comme nous le verrons plus loin, à
l'une des principales corporations ouvriè-
de la ville

En 1781, cette faveur fut aussi donnée
à un particulier, dans les circonstances
suivantes :

La construction en bois de la majeure
partie des maisons et l'insuffisance de pom-
pes à incendie laissaient au feu des faci-
lités de destruction dont uos annales ren-
ferment les lugubres récits ; or, en 1781,
le 22 avril, un sieur Joseph Court, maître
ramoneur, demande la liberté de faire sa
résidence à Bernay, ainsi que ses enfants,
« avec la permission de porter les armes
« de la ville à leurs chapeaux ou bonnets,
» ou à leur boutonnière. »

Les officiers municipaux font droit à la
demande du sieur Court, « pour estre lui
« et ses enfants requis à tous jours et
« heures par tous les habitans de ramoner
« les cheminées ou prêter leur secours
« en cas d'incendie....., et voulant don-
« ner audit une marque de l'approbation
« de la part de la ville, il lui est permis
« et il est autorisé de porter et faire por-
« ter par ses enfans et aydes une plaque

« de cuivre, en teste ou à la boutonnière,
« portant les **armes de cette ville**..... »

III
MARQUES DES TOILIERS

Sur les « marques » que les gardes-ju-
rés de l'importante corporation des « toil-
liers » apposèrent, de 1739 à 1785, sur
toutes les toiles tissées dans la ville et les
environs, nous voyons l'emblème héraldique de Bernay.

Une cinquantaine d' « étampes » portent
en effet, comme signe distinctif, un ani-
mal léoniforme qui, malgré sa grossière
exécution et ses bizarres postures, est bien
le Lion Bernayen. Le doute, du reste,
n'est pas permis, car le lieutenant de po-
lice, à partir de 1770, décrivant lesdites
marques, indique : « ...un lion,... ; ...un
« lion au milieu de chaque empreinte,... ;
« ... dans le milieu est une espèce de figu-
« re d'un lion,... ».

Rien d'étonnant à ce que, de même que
ceux de Rouen et autres, les toiliers de
Bernay aient pris les armoiries de leur cité pour marque de fabrique, pour preuve
de garantie commerciale de leurs produits
qui, pendant si longtemps, jouirent d'une
grande renommée.

Nous avons le fac-simile de la première
et de la dernière de ces marques armoriées.

IV
ENSEIGNE DE L'HOTEL-DE-VILLE

Le 3ᵉ monument qui portait les armoiries de Bernay était « l'enseigne de la maison de ville », panonceau en bois placé au-dessus de la porte de l'appartement servant aux réunions communales, car, jusqu'à la Révolution, il n'y avait pas d'hôtel-de-ville, et le local qui en servait, loué habituellement 40 l. par an, était là où ailleurs, mais toujours dans la partie de la ville appelée LA COMTÉ et place du Pilori, (actuellement place du Collège).

Un curieux tableau, représentant un chapitre d'histoire locale dont nous parlerons quelque jour, nous montre cette « enseigne » dont nous avons un croquis exact.

Le registre des comptes du receveur de la ville, pour 1745, porte cette mention : « Payé 3 l. pour avoit fait raccommoder l'enseigne de la maison de ville ».

En 1792, le 8 mai, des gardes nationaux volontaires d'Ile-et-Vilaine tentent de supprimer les « armoiries » subsistantes sur « l'ancien hôtel-de-ville », et prennent une échelle pour enlever la planche sur laquelle est écrit : HOTEL DE VILLE et des « fleurs de lys imprimées » mais ils en sont empêchés par le grenadier factionnaire du corps de garde établi dans cet ancien hôtel-de-ville. Les officiers municipaux, en présence des trou-

bles qui semblent vouloir éclater, arrê-
tent que ladite planche sera détachée, et
donnent l'ordre d'annéantir toutes « armoiries et écussons » sur toutes les por-
tes et dans les lieux où il s'en trouverait.

V

Au début de la Révolution, les armoiries communales reprirent un éclat nouveau. Sous le souffle d'indépendance qui
agitait alors la France, ces emblèmes,
considérés à juste titre comme des témoignages de gloire et de liberté, furent exi-
bées avec plus d'enthousiasme que jamais.

Toutes les villes eurent à honneur d'or-
ner de leur blason les drapeaux de leurs
gardes nationales, les boutons de leurs
habits, etc.

Bernay ne resta point en arrière dans
ce moment de ferveur patriotique qui fai-
sait ainsi revivre ce qui rappelait au peu-
ple, demandant a être libre, l'affranchis-
sement de ses aïeux, et cette ville, fière
de ses armoiries, leur donna un homma-
ge mérité, dans cette époque si mouve-
mentée.

VI

DRAPEAU DES VOLONTAIRES

Le 25 août 1789, eut lieu la bénédiction
des deux drapeaux offerts aux cinq com-
pagnies des volontaires bernayens. La re-
lation de cette cérémonie nous apprend

que l'un de ces drapeaux était aux armes de France et l'autre aux *armes de la ville*.

D'après les notes des fournisseurs, nous savons que ce drapeau, plus grand et plus décoré que le premier, était tricolore ; qu'il fut employé pour sa confection 2 aunes de taffetas anglais *blanc* à 7 l. 10 s. l'aune, une aune de taffetas *cerise* à 8 l. 10 s., une aune de taffetas *gros-bleu* du prix de 8 livres.

Ce drapeau était à deux faces ; sur l'une étaient peintes les *armes de la ville* et une inscription ; sur l'autre face était le chiffre du Roi et une inscription.

Ces « peintures et escritures dorées », qui coûtèrent 30 livres, furent exécutées par un artiste du lieu, Descours le fils, disciple distingué de Deshayes.

Ces deux drapeaux, qui revinrent à la somme totale de 169 l. 13 sols, furent probablement détruits en 1792, car nous n'en n'avons pas trouvé d'autre mention.

VII

TAMBOURS

Sur la note du peintre Descours, relative aux drapeaux ci-dessus, on lit :

« Pour la peinture des armes de la ville « sur 4 tambours..., à 3 l. pièce...12 l. »

VIII

AFFICHES

Pour donner plus d'éclat à leur blason communal, les officiers municipaux le firent reproduire en tête de leurs affiches imprimées, en 1791, chez J. Delaunay à Lisieux, car l'imprimerie ne s'implanta à Bernay que l'année suivante, 1792.

La vignette, grossièrement gravée sur bois, mesure 100 x 62 en travers ; un cartouche ovale, soutenu par deux larges palmes et timbré d'une coquille, renferme le *lion rampant sur champ d'azur.* Une banderolle, encadrant le haut du dessin, porte cette inscription en capitales : MUNICIPALITÉ DE BERNAY.

Les archives de la Mairie possèdent plusieurs de ces affiches armoriées et nous avons fait graver, mais agrandie et retouchée, la curieuse petite vignette qui est certainement l'œuvre d'un artiste du cru.

VIII

DISPARITION DES ARMOIRIES

Nous avons dit qu'en mai 1792, les officiers municipaux, afin d'éviter des troubles provoqués par des gardes nationaux d'Ile-et-Vilaine, ordonnèrent l'annéantissement de toutes armoiries et écussons.

De cette mesure resulta la mise à l'écart du sceau armorié de 1696 et de la vignette des affiches.

Quant aux « marques » des toiliers, la suppression des jurandes et corporations les avait fait disparaître dès 1789.

IX
RÉAPPARITION DES ARMOIRIES

La gravité des évènements politiques qui s'accomplirent depuis 1792 jusqu' en 1826, la rapide succession des gouvernements, avaient totalement fait oublier le blason de la ville de Bernay sur lequel 1/3 de siècle avait fait une telle obscurité que l'on avait plus souvenance de sa composition.

Les divers décrets et ordonnances rendus, à partir de 1809, au sujet des armoiries de villes, ne réussirent point a remettre en faveur celles si honorables de notre cité.

Ce ne fut qn'en 1826, que M. Dulac, maire, homme distingué et érudit, eut la patriotique pensée de les faire revivre.

Il trouva, heureusement, en la personne de son ami M. Auguste Le Prevost, le savant qui pouvait, seul, déchirer le voile qui couvrait, depuis 34 ans, les armoiries bernayennes.

M. Le Prevost, qui possédait alors l'ancion sceau dont nous avons parlé, rédigea une note historique dont l'original, revêtu d'une empreinte à la cire, existe aux archives municipales et que M. Canel a reproduite presque entièrement dans son *Armorial des Villes et Corporations de la Normandie.*

Cette note se termine par ces observations :

« Nous supposons que cet exposé et

« surtout la preuve matérielle que nous
« y joignons, suffiront pour servir de ba-
« se à la reclamation des armoiries de la
« ville de Bernay. Dans le cas ou le Con-
» seil du sceau des titres demanderait
« d'autres témoignages, il serait bon de
« recourir à des actes déposés chez Mr le
« Président d'Hozier, mais dont on ne
« pourra avoir copie ou même communi-
« cation que moyennant des déboursés
« assez considérables. On peut toujours
« commencer par s'appuyer sur l'emprein-
« te ci-jointe et sur les faits que nous
« venons d'exposer, sauf a recourir plus
« tard à Monsieur d'Hozier si l'on ne pou-
« vait s'en passer.

« Rouen, ce 31 Xbre 1826.

A. LE PREVOST.

Le louable projet de M. Dulac ne reçut
point d'exécution et dix années s'écoulè-
rent pendant lesquelles l'oubli se fit de
nouveau sur l'emblème héraldique de Bernay. Aussi, lorsqu'en 1836-37, M. D'A-
vanne publia dans le *Bulletin de l'Acadé-
mie ébroicienne* une série d'articles sur les
armoiries des villes de Normandie, il reçut d'un Bernayen une intéressante note
laissant supposer que les armoiries de
Bernay consistaient en *un mouton d'ar-
gent sur un champ d'azur,* avec cette de-
vise : LE BARON DE BERNAY.

Cette indication, quoique inexacte, a
cependant une autre raison d'être que cel-
le se rapportant à la découverte, par un
mouton, d'une image de la Vierge à l'en-

droit où s'élève aujourd'hui l'église N.-D.
de-la-Couture, légende rapportée dans un
rarissime petit livre imprimé en 1667.

L'abbaye de Bernay, appelée la *Baron-
nie*, portait, en effet, sur son contre-sceau,
dès l'an 1271, un *Agnus Dei* ; néanmoins,
il est incontestable que cette figure n'a jamais appartenu au blason de la *Comté*,
seconde portion de la ville, ayant seule
la vie et les prérogatives communales.

En 1852, M. l'abbé Blais s'exprimait
ainsi dans sa *Notice historique... sur No-
tre-Dame-de-la-Couture* :

« On ne sait pas au juste quelles étaient
« les armoiries de la ville. Nous avons
« compulsé bien des livres pour les trou-
« ver, et nos recherches n'ont eu aucun
« succès... »

MM. Malbranche et Canel ont, depuis,
apporté la lumière sur cette obscure ques-
tion que M. A. Goujon dévellope d'une
façon vraiment remarquable dans sa mi-
robolante *Histoire de Bernay*, couronnée
en 1874, par la Société libre de l'Eure,
(section de Bernay). Voici tout ce que dit
ce fameux historien, à la page 54 (note 3)
de la seconde édition vendue au rabais,
(lisez: 1re édition non placée malgré la
reclame de l'auteur dans ses discours),
de son livre incomparable et incompris :

« Les armes de la ville de Bernay sont:
« *d'azur au lion rampant d'or, armé et
« lampassé de gueules.* C'est un souvenir
« des armes de la famille des Montgom-
« mery. »

Nous, qui n'avons pas eu la faveur de recevoir une couronne, mais qui avons la satisfaction d'avoir beaucoup cherché, beaucoup trouvé et beaucoup sauvé de souvenirs historiques inconnus, nous serions amplement retribué de nos peines, si ceux que renferme cette notice avaient pour effet de faire refleurir sur notre hôtel-de-ville et sur le sceau de la Mairie les armoiries qui y brillaient encore il y a 89 ans, et qui ornent les papiers officiels que depuis une douzaine d'années seulement.

Nous avons voulu savoir si, en 1696, la Municipalité de Bernay avait dû produire des pièces à l'appui de sa déclaration des armoiries de la ville ; voici ce que nous repond à ce sujet, par lettre datée du 22 octobre 1881, M. Gourdon de Genouillac, auteur d'ouvrages nobiliaires appréciés. rédacteur en chef du *Journal héraldique* :

« ..... Il n'y a aucun document à l'appui des enregistrements des armoiries, les registres qui existent au Cabinet des titres sont formés de cahiers dressés dans les diverses généralités, et croyez bien qu'on n'était pas difficile en 1696 pour l'acceptation des armoi-

« ries qu'on soumettait à Mʳˢ les Commis-
« saires qui enregistraient à peu près tout
« ce qu'on leur presentait en payant 20
» livres. Au reste, ce n'était pas une *re-*
« *cherche de noblesse,* c'était une simple
« régularisation de blasons et mieux en-
« core un impôt prélevé sur tous ceux
« qui faisaient, à tort ou à raison, usage
« d'armoiries. »

Les matériaux inédits de cette notice
ont été pris aux sources suivantes :

Archives municipales, séries BB. CC.
HH. B. N. P.

Articles sur les *Sapeurs-Pompiers de
Bernay,* par E. Veuclin. (Moniteur de Bernay des 13 et 20 décembre 1879, 2 et 9
janvier 1880.)

Le Musée municipal de Bernay, par E.
Veuclin, 1878.

Le tableau représentant « l'enseigne de
la maison de ville », exécuté vers 1760,
est dans la demeure d'un ancien Maire de
la ville en 1751. (Maison Cclos, place Dulac.)

Bernay, Imp. Veuclin.